# 89

ET

# LE DROIT DES GENS

PAR

M. P. DEFOURNY

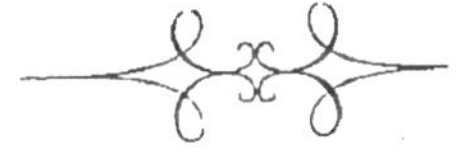

PARIS

VICTOR PALMÉ, ÉDITEUR DES BOLLANDISTES

76, rue des Saints-Pères, 76

BRUXELLES
SOCIÉTÉ BELGE DE LIBRAIRIE
12, rue des Paroissiens, 12

GENÈVE
P. TREMBLEY, ÉDITEUR
4, rue Corraterie, 4

1888

# 89

ET

# LE DROIT DES GENS

PAR

M. P. DEFOURNY

PARIS

VICTOR PALMÉ, ÉDITEUR DES BOLLANDISTES

76, rue des Saints-Pères, 76

BRUXELLES
SOCIÉTÉ BELGE DE LIBRAIRIE
12, rue des Paroissiens, 12

GENÈVE
P. TREMBLEY, ÉDITEUR
4, rue Corraterie, 4

1888

## 12e Congrès des Jurisconsultes catholiques à Montpellier

(EXTRAIT DU COMPTE-RENDU)

---

*Montpellier, le 13 octobre 1887.*

Je voudrais pouvoir donner une idée substantielle et complète du remarquable travail que présente M. l'abbé Defourny sur la Révolution et le Droit des Gens. C'est une étude achevée qui, selon le désir général exprimé à l'auteur, paraîtra certainement en brochure ; car il est souverainement désirable qu'elle soit portée à la connaissance du plus grand nombre possible de lecteurs.....

Après les applaudissements qui accueillent cette importante communication, Mgr de Cabrières, prenant texte de ce qu'a dit M. l'abbé Defourny du rôle de Jeanne d'Arc examiné à ce point de vue du Droit des Gens, exprime éloquemment le désir que l'assemblée en prenne occasion de formuler un vœu en faveur de la canonisation de Jeanne d'Arc. M. Lucien Brun, président du Congrès, en quelques mots émouvants, remercie Mgr l'Evêque de Montpellier d'une pensée si conforme aux sentiments patriotiques dont sont animés les Jurisconsultes catholiques. Bien qu'il ne soit pas dans les habitudes du Congrès de formuler des vœux, tous ses membres se rangeront à la proposition de Mgr de Cabrières.

Le président du Congrès ajoute que le savant travail de M. Defourny, sur la restauration du Droit des Gens, ne peut rester non plus sans sanction et que, s'il n'est pas suivi d'un vœu formulé, le procès-verbal constatera que les sentiments du Congrès sont à l'unisson des idées exprimées par le rapporteur, en ce qui concerne la restauration si désirable du Droit des Gens.

A. Roussel.

# 89 ET LE DROIT DES GENS

MESSIEURS,

En méditant la réponse à faire à cette partie du programme que le comité organisateur du Congrès a bien voulu me confier, je m'assurai bientôt qu'il me serait impossible de rendre compte des maximes, des idées, des mesures législatives des hommes de 89 en matière de Droit des Gens, sans expliquer préalablement ce qu'était devenu ce droit au XVIIIe siècle, et même aux siècles précédents, en remontant jusqu'à l'époque appelée par Notre Saint Père Léon XIII dans sa dernière encyclique : *L'âge chrétien.* Je vous demande donc, messieurs, la permission de vous présenter d'abord ce tableau, ou plutôt cette esquisse à grands traits.

## I

### LE DROIT DES GENS AVANT 89

*Préliminaires historiques.*

Vergennes, un assez honnête et habile ministre de Louis XVI, disait au roi dans un mémoire en 1777 : « Sire, si Votre Majesté dirige sa politique à établir l'opinion que ni la soif d'envahir, ni la moindre vue d'ambition n'effleure son âme, et qu'elle ne veut que la justice, son exemple fera plus que ses armes. La justice et la paix règneront partout, et l'Europe applaudira avec reconnaissance (1). »

D'autre part, on lit dans les instructions dressées pour les plénipotentiaires français au congrès de Vienne de 1814 : « La France est dans l'heureuse situation de n'avoir point à désirer que la justice et l'utilité soient divisées, ni à chercher son utilité particulière en dehors de la justice, qui est l'utilité de tous (2). »

J'ai tenu, messieurs, à mettre sous vos yeux ces deux textes diplomatiques, placés par leur date respective à égale distance de la Révolution, parce qu'ils contiennent la notion élémentaire du droit des gens, qu'ils ont été écrits sincèrement, l'un à la fin d'un siècle qui le foula aux pieds et le méconnut au point de s'en moquer cyniquement, l'autre au commencement de ce siècle, le nôtre, qui en est venu jusqu'à l'ignorer, ou à n'en savoir plus que juste ce qu'il faut pour en désespérer.

Ces deux textes nous disent en effet que le Droit des Gens, avec les rapports internationaux qui doivent s'y conformer, a pour base la justice, et la justice seule ; que l'utilité, ou l'intérêt, doit si peu en être séparé, que la justice est l'unique utilité de la société des peuples : « l'utilité de tous. » Telle est bien la base du Droit des Gens, et tel est aussi le propre sens de cette parole souvent citée, pas toujours comprise, de l'Ecriture sacrée, qui nous révèle le Droit, la Loi comme la foi : *Justitia elevat Gentes* !

C'est donc là, messieurs, une vérité de premier ordre et en même temps incontestable pour nous, chrétiens, et la notion fondamentale et essentielle du Droit des Gens. Or, cette vérité, je l'ai dit, était niée et méconnue au XVIIIe siècle ; et l'intérêt, ou l'ambition qui ne doit pas effleurer l'âme d'un prince, la cupidité, racine de tous les maux, étaient admises et proclamées comme les mobiles reçus des relations internationales. Pour le prouver, les textes officiels abondent : quelques-uns suffiront.

La soi-disant Raison d'Etat, — l'intérêt, — comme prin-

(1) Mémoire de Vergennes à Louis XVI, 12 avril 1777.
(2) Flassan, t. VI, p. 126.

cipe et fin dernière, l'intrigue pour moyen, la force pour loi, voilà, au XVIII^e siècle, tout ce qui reste du Droit public. Les politiques le déclarent cyniquement. « La force est la suprême loi, disait un diplomate autrichien au Congrès de Teschen, en 1779 ; et l'on est fait pour en avoir encore, lorsqu'on en a déjà beaucoup (1). »

« C'est le royaume des cieux qui se gagne par la patience, disait Frédéric II de Prusse, ceux de ce monde appartiennent à la force (2). »

« Je me casse la tête, écrivait Catherine de Russie, je me casse la tête pour pousser les cours de Vienne et de Berlin à se mêler des affaires de France (de la Révolution). Je veux les engager dans ces affaires pour avoir les coudées franches. J'ai beaucoup d'entreprises qui ne sont pas terminées, et je veux que ces deux cours soient occupées, afin qu'elles ne me dérangent pas (2). » — L'une de ces entreprises était le dépècement définitif de la Pologne, l'autre, le commencement du vol de l'empire ottoman. — Sur la première, Joseph II le philosophe écrivait à Léopold de Toscane, son frère, depuis son successeur à l'empire : « Il faut penser que lorsqu'on a tant fait et pris, l'on prenne aussi les bagatelles, mais qui sont essentielles, pour que ce que l'on a pris ait un vrai prix, et que l'action, au moins, vaille la peine de l'avoir faite; autrement elle serait fautive, pauvre et louche dans tous les sens.

« Je me suis abstenu du duché de Warmie, parce que le jeu n'en valait pas la chandelle. Cette portion est si mince, qu'elle ne compenserait pas les clameurs qu'elle exciterait. Quand on prend des bagatelles avec empressement, cela donne un caractère d'avidité et d'insatiabilité (3). »

J'ai tenu à citer ces paroles de rois, et de rois qui menaient les affaires eux-mêmes. On sait que tous les écrivains philosophes et humanitaires étaient à leurs pieds, et qu'ils ont décerné à deux d'entre eux le titre de grand. Frédéric II s'appelle Frédéric le Grand, et Catherine II,

(1) Propos relevé par un diplomate français, *Archives des affaires étrangères.*

(2) Martens, *Traité de la Russie*, t. II, p. 196.

(3) *Testament politique*, 2^e partie, ch. VI.

l'assassin de la Pologne et de son neveu Pierre III, la grande Catherine de Russie. — Je poursuis.

Dans un mémoire écrit en 1741 par un maître des Requêtes, Mandat (1), et intitulé : *Nouveaux intérêts des Princes de l'Europe*, on lit : « En fait de politique et d'intérêts, il n'y a ni reconnaissance, ni traités qui tiennent; c'est la force ou l'intérêt qui fait les traités, c'est la force ou l'intérêt qui les rompt. »

N'est-ce pas à cette Europe que l'on est obligé d'appliquer la maxime de saint Augustin : Otez la justice, que sont les empires? de grandes sociétés de brigands.

L'ensemble des faits démontre bien que ces formules perverses étaient la règle de conduite au XVIIIe siècle. Il n'y a point de précautions qui tiennent contre la convoitise déchaînée et les sophismes de la prétendue raison d'Etat. On le vit au milieu même de ce siècle, dans un événement qui en peint les mœurs et les prend sur le vif, je veux parler de la guerre de la succession d'Autriche (2). « Tout ce que le Droit public présentait de ressources et de garanties, l'empereur Charles VI l'avait épuisé pour assurer à sa fille Marie-Thérèse ses Etats héréditaires. Il établit ses droits par une pragmatique sanction que reconnurent toutes les diétes de la monarchie. Il obtint des prétendants des renonciations solennelles. La pragmatique sanction fut ensuite notifiée à toutes les puissances. qui la reconnurent expressément, et s'engagèrent par des traités formels à la respecter à perpétuité. Cependant, au lendemain même de la mort de Charles VI, on vit les princes qui avaient renoncé à son héritage et ceux qui l'avaient garanti à sa fille déchirer leurs signatures, violer leur parole et se liguer pour partager les dépouilles de Marie-Thérèse. Jamais la prétendue raison d'Etat n'avait été opposée avec plus d'impudence aux lois les plus élémentaires du Droit des Gens. L'Angleterre seule tint ses engagements. C'étaient les mœurs de l'époque et les mœurs de toute l'Europe. Si les paroles avaient pour les rois la même valeur que pour les

(1) Archives des affaires étrangères.
(2) Albert Sorel, *L'Europe et la Révolution*, 1re part., p. 25.

simples mortels, et si la foi des traités engageait la bonne foi des gouvernants, aucun doute n'aurait pu s'élever. — Un diplomate français, le plus galant homme du monde (c'est un Ségur), écrivait à la fin du siècle, en commentant les écrits d'un publiciste célèbre : « Ce qu'il dit du peu de solidité des traités et de la mauvaise foi du cabinet de Vienne est très vrai ; mais malheureusement l'histoire prouve que cette vérité est applicable à tous les cabinets de l'Europe. » — En matière de politique, dit le baron de Bielfield, — lisez de Droit des Gens, — il faut se détromper des idées spéculatives que le vulgaire se forme sur la justice, l'équité et les autres vertus des nations et de leurs conducteurs. Tout se réduit à la force. »

Les gentilshommes qui exécutent les desseins pervers de tels gouvernants n'ont aucun scrupule. Comment en auraient-ils ? Ils partagent les mêmes idées perverses. On ne regarde plus la justice dans la guerre, mais la « grandeur ; » comme si le massacre de milliers d'hommes, sans justice, pouvait avoir d'autre grandeur que celle d'un grand crime.

Partant, dit le duc de Broglie (1), partant pour la guerre dans laquelle on se préparait à spolier Marie-Thérèse, le maréchal de Belle-Isle estimait que l'entreprise que le roi lui confiait, « était la plus glorieuse et la plus flatteuse qu'un particulier pût jamais commander, puisqu'il s'agissait de faire un empereur et de conquérir des royaumes.

Plus heureux, M. de Belle-Isle, si au lieu d'être né à l'époque militaire moderne, que l'on peut définir l'ère de l'HONNEUR SANS JUSTICE, il avait vécu à cette période de l'histoire appelée par Léon XIII l'âge chrétien, alors que l'on armait ses ancêtres chevaliers devant l'autel en leur disant : « Sois partout et toujours le champion du droit et du bien contre l'injustice et le mal (2) »

Le réseau d'iniquités, les mailles du brigandage sont tellement serrées et enchevêtrées que les meilleurs, person-

(1) Le duc de Broglie, **Frédéric II et Marie-Thérèse**, t. II, 7.
(2) M. A. de Margerie, *Conférence sur la Chevalerie au XIX*e *siècle.* Salon bibliogr. 1887.

nellement, ne s'en peuvent dégager. Marie-Thérèse avait de la conscience. Seule, elle n'eût pas volé la Pologne, et l'on sait qu'elle répugnait au dépècement de ce corps vivant. Elle pleurait. Elle pleurait et prenait toujours, dit en ricanant Frédéric II (1).

D'Argenson, ancien ministre des affaires étrangères, écrit dans ses mémoires : « Un Etat doit toujours être sur la hanche comme un homme du monde qui vit au milieu des bretteurs et des gens difficiles à vivre. Telles sont les nations de l'Europe, aujourd'hui plus que jamais les négociations n'étant qu'une querelle continuelle entre gens sans mœurs, hardis à prendre et continuellement avides (2). »

On devine ce qu'étaient les agents diplomatiques dans de pareilles conditions. « Surprendre, corrompre et débaucher les agents » était la pratique ordinaire. Dubois raconte, avec le cynisme qui le caractérisait, une sienne conversation avec un ministre plénipotentiaire anglais, dans laquelle il est allé jusqu'à lui offrir 600,000 livres, sans que celui-ci ait sourcillé (3).

Telle était, au XVIIIe siècle, Messieurs, la chrétienté diplomatique ; telles ses maximes, telle sa pratique, en matière de Droit des gens.

Et le XVIIIe siècle n'avait pas surgi inopinément dans le temps, comme Minerve du cerveau de Jupiter ; il était le fils et l'héritier du XVIIe. Son père valait un peu mieux que lui ; il n'était pas cynique et ne professait pas le mépris éhonté de toute justice. Mais ses pratiques furent souvent les mêmes. « Nulle sécurité dans le présent, nulle confiance dans l'avenir. Des traités solennellement discutés, signés, ratifiés, demeuraient sans exécution, monuments incomplets et déjà chancelants ; d'autres plus anciens, achevés et consacrés par le respect universel, étaient non pas seulement sapés dans l'ombre, mais encore audacieusement attaqués et entamés au grand jour. » — C'est M. Ca-

(1) M. Albert Sorel, lauréat de l'Académie Française, *L'Europe et la Révolution française.* 1887. Nous lui avons emprunté plusieurs de nos citations.

(2) D'Argenson, Mémoires.

(3) Albert Sorel, tom. I.

mille Rousset qui nous fait ce résumé, en écrivant l'histoire de Louvois ; — Louvois qui un jour donna pour instruction à un ambassadeur de faire assassiner un agent diplomatique étranger pour s'emparer de ses dépêches.

« Sire, écrivait Fénelon à Louis XIV, en 1675, on a rendu votre nom odieux et toute la nation française insupportable à tous ses voisins. On a causé, depuis vingt ans, des guerres sanglantes. Par exemple, Sire, on a fait entreprendre à Votre Majesté la guerre de Hollande, pour votre gloire, et pour punir les Hollandais qui avaient fait quelques railleries, dans le chagrin où on les avait mis en troublant les règles du commerce... Je cite cette guerre, parce qu'elle a été la source de toutes les autres. Elle n'a eu pour fondement qu'un motif de gloire et de vengeance, ce qui ne peut jamais rendre une guerre juste. Il est inutile de dire que ces guerres étaient nécessaires à votre Etat, le bien d'autrui ne nous est jamais nécessaire Ce qui nous est nécessaire, c'est d'observer une exacte justice (1).

Mais Louis XIV avait aussi entendu une autre voix d'évêque, la plus éloquente de son royaume, lui dire un jour, un jour de grand deuil pourtant : « Celui qui règne dans les cieux et de qui relèvent tous les empires, est aussi *le seul* qui *peut* faire la loi aux Rois. » Louis XIV avait, le premier des princes chrétiens, fils de l'Eglise catholique, fait décréter formellement par un épiscopat servile, son complet affranchissement de la Judicature du Père commun des peuples et des Rois. — Cependant Louis XIV, à la fin de sa vie, se repentit, confessa qu'il avait fait *trop facilement* la guerre, et il recommanda instamment à son successeur de ne pas l'imiter en cela (2). C'est bien, et l'on ne trouve ancune trace d'un repentir semblable chez les souverains du XVIIIe siècle. Toutefois, le repentir de Louis XIV est trop mollement formulé : on ne le sent pas bien convaincu de ses crimes d'homicide. J'aime mieux Guillaume-le-Roux, ce normand chrétien encore barbare, qui s'écriait

(1) Fénelon, *Œuvr. compl.*, tom. VIII, in-4, Paris, 1851. -- *Lettres diverses*. p. 509 et suiv.
(2) Œuvres de Louis XIV.

en mourant : « O honte, ô douleur ! J'ai été assez cruel pour faire massacrer des milliers d'hommes de la plus belle race du monde, sans épargner la vieillesse ni l'enfance ! »

Pour les principes, écoutons un philosophe de ce XVIIe siècle, Descartes a écrit cette proposition énorme : « La justice entre les souverains a d'autres limites qu'entre particuliers... » Et cette autre : « Même je comprends sous le nom d'ennemis tous ceux qui ne sont point amis ou alliés, pour ce qu'on a droit de leur faire la guerre quand on y trouve son avantage (1). »

Cet homme, réputé le premier philosophe de son siècle, est retourné au paganisme le plus étranger au Droit des Gens, celui des Grecs. Les Grecs, à la différence des autres peuples classiques, faisaient profession de ne pratiquer le Droit des Gens qu'entr'eux ; tous les autres peuples étaient pour eux des ennemis, comme les bêtes des bois ; et la piraterie contre les non-Grecs était une institution nationale permanente. Aristote, malgré son génie, ne trouvait point cette doctrine ni cette pratique barbare. Mais Aristote n'était pas chrétien, et Descartes l'était ! — A quoi bon la table rase, pour y servir de pareils plats ?

Ah ! que j'aime mieux la décision d'un Pape du VIIIe siècle, insérée au corps du Droit canon : « Que le sang versé soit celui des païens ou celui des chrétiens, il n'y a pas de différence ; la peine encourue est la même. »

Ah ! Messieurs, le mal date de loin, il est bien invétéré. Si je m'adressais à des hommes pusillanimes, je dirais avec eux : il n'y a pas de remède. Si ceux à qui je m'adresse n'étaient pas des jurisconsultes chrétiens, je leur dirais : Ne poursuivons pas cette étude inutile. Mais ce sont des hommes de courage, des hommes d'action ; ils connaissent la vertu de Dieu, la force de sa parole ; ils savent ce que Léon XIII rappelait naguère, qu'il y eut un âge chrétien, et dans cet âge, les principes du Droit des Gens, enseignés par l'Eglise, étaient admis, reconnus, appliqués à l'encontre de ceux qui les violaient. La collection des peuples et de

(1) Lettre à la princesse Palatine, 1646. *Œuvres*, édit. Cousin, tom. IX, p. 387.

leurs chefs n'était pas une agrégation de bandits, aux formes plus ou moins polies ou raffinées. La parole de justice trouvait de l'écho parmi les nations, dans les cœurs des princes et des peuples ; elle se réfléchissait dans leurs lois, dans les relations internationales ; et, manié surtout par le Souverain Pontife et les prêtres de la sainte Eglise, ce glaive de la parole faisait souvent trembler les prévaricateurs, quand il ne pénétrait pas leurs consciences. On ne peut pas assigner une époque précise, resserrée entre deux dates fixes, à l'âge chrétien. Si le Pontificat politique fut enseveli à Anagni dans le tombeau de Boniface VIII (1) ; si le grand schisme d'Occident qui suivit réduisit à une sorte d'impuissance le Souverain Pontificat, devenu incertain dans les personnes qui l'occupaient ou prétendaient l'occuper; si concurremment l'influence funeste des légistes, corrupteurs du Droit coutumier et du Droit municipal, entamait en même temps le Droit des Gens ; l'action du Pontificat et de l'Eglise n'en laissa pas moins de belles traces dans les siècles suivants. Relevons-en quelques-unes pour nous consoler et nous encourager.

Pendant la minorité de Charles VIII, il était question de conquérir la Bretagne, après la victoire remportée à Saint-Aubin-du-Cormier sur les Ligueurs du Bien public et le Duc, qui les avait soutenus. Voici le discours que tint au Conseil d'Etat, le tribunal national du Droit des Gens à cette époque, Guillaume de Rochefort, un de ses membres :

Ceux qui ont parlé avant moi ont montré que la conquête de la Bretagne est facile : ils n'ont pas examiné si elle est juste. C'était cependant par là qu'il fallait commencer. Sans doute pour un prince sans religion, il suffit qu'un pays voisin soit à sa bienséance, pour qu'il se croie autorisé à s'en emparer ; mais un prince chrétien a d'autres règles à suivre dans sa conduite. Il doit à l'univers l'exemple de la justice. Le Roi, je le sais, réclame des droits sur la Bretagne (2); mais ces droits n'ont pas encore

(1) Expression de Dom Tosti, *Histoire de Boniface VIII.*
(2) Du chef de Nicole, qui avait testé en faveur de son père.

été soumis à l'examen légal. Que l'on nomme promptement des commissaires éclairés et intègres, qu'on leur fournisse les titres respectifs, qu'on leur laisse une entière liberté de les discuter. Si après examen les prétentions du Roi sont jugées injustes, ou même douteuses, il n'y aura plus à délibérer. La conquête de la Bretagne fût-elle encore plus facile, il faut y renoncer (1). — Le Conseil d'Etat se ranga de l'avis de Guillaume de Rochefort.

Dans le même siècle, nous avons Jeanne d'Arc, que tout le monde loue en notre temps. Il est un aspect de cette sublime et virginale figure que je n'ai pas vu assez bien saisi par nos contemporains. On admire et on célèbre sa foi, sa douce et forte piété, sa persévérance, sa prudence hardie, on exalte surtout son patriotisme, on l'appelle le Marteau des Anglais, la grande Française, la Libératrice. Elle fut tout cela, mais elle ne le fut que parce que la cause qu'elle soutenait était juste; c'est la justice de la cause qui est le fondement, toujours rappelé par elle, de son action, unique dans les fastes de l'histoire. Jeanne d'Arc fut comme une incarnation du Droit des Gens. Elle a la certitude que la France, le plus beau royaume après celui du ciel, ne doit pas cesser d'exister pour devenir une province anglaise. Cette certitude, selon les lois nationales de cette époque, repose sur le droit de Charles VII, vrai héritier, comme elle avait l'habitude de le désigner. C'est par l'affirmation et la preuve de ce droit qu'elle débute à Chinon, en rassurant personnellement le Dauphin, qui en doutait lui-même, secrètement, dans sa conscience. Jeanne d'Arc fut une incarnation du Droit des Gens. Malgré la certitude du Droit, elle ne livre pas une bataille sans les saintes formes du Droit militaire, sans déclarer à l'ennemi le cas de guerre, la justice de sa cause, et sans lui offrir la paix. La *Jus militare — est... belli inferendi solemnitas*. Lisez ses déclarations de guerre, ses admirables sommations, dont plusieurs existent encore. Elle y invite et somme les Anglais à vider le royaume de France, qui n'est pas à eux, mais à Jésus-Christ, le roi du ciel, et à son lieutenant le gentil Dauphin. Elle les invite à

(1) Anquetil. *Histoire de France*. Règne de Charles VIII.

s'en retourner dans leur pays, à envoyer des ambassadeurs pour traiter de leur retour pacifique en Angleterre. Jeanne d'Arc fut l'incarnation du Droit des Gens chrétien. Elle fait tout pour assurer la victoire, elle excite les chefs et les soldats, elle pousse à l'attaque, furieusement, et en même temps qu'elle triomphe, on la voit s'agenouiller auprès de l'ennemi tombé, étancher le sang de ses blessures, pourvoir à sa guérison ou le préparer à bien mourir en lui disant de douces et saintes paroles. Jeanne d'Arc est un parfait chevalier chrétien.

Je ne puis la quitter sans insister sur un trait qui échappe encore de nos jours à notre sens infirme du Droit des Gens. Tout le monde connaît les hésitations, l'*indolence* du roi de Bourges, et l'on n'en remarque pas la raison, que l'histoire nous indique pourtant. C'est qu'il doute. Et de quoi doute-t-il ? De la juste cause de la guerre. Il n'a pas grandi sans apprendre les hontes de la triste Isabeau sa mère ; et il craint... Il manque de foi en son droit, en la justice de sa cause ; et il n'ose pas agir pour revendiquer ce droit auquel est liée l'existence de la France. C'est à partir du moment où Jeanne lui a donné secrètement la certitude avec la preuve que ses hésitations cessent, que son indolence disparaît, qu'il reconnaît la mission de Jeanne, malgré l'avis de plusieurs de ses conseillers, et qu'il agit. — Telle était alors la puissance du sentiment de la justice et du droit.

Au siècle précédent, Charles V, qui n'était pas un hésitant, ni un indolent, nous en offre une autre démonstration. Dix ans s'étaient écoulés depuis le traité onéreux de Brétigny, lorsque certains vassaux de la Guyenne qui n'avaient jamais bien voulu reconnaître le Prince Noir pour souverain de leur province, et qu'ils accusaient en outre de n'avoir pas rempli les conditions du traité, saisirent la cour du roi de France. La France est prête, le sage roi l'a refaite pendant cette période de dix ans, et elle a Duguesclin. Va-t-il, comme un roi du XVIIIe siècle, saisir avidement l'occasion ? Non, Messieurs. La cause fut débattue durant près d'une année, judiciairement quoique discrètement, avant que le Prince Noir fut cité devant la cour des pairs, et encore après.

Je soumettais l'an dernier, à un Anglais, élevé dans son collège avec l'idée que la France de cette époque a violé sans raison le traité de Brétigny, les pièces du procès telles qu'elles sont transcrites dans une histoire de France et il reconnaissait, après les avoir lues, qu'il n'y avait pas eu parjure, et que le litige était réel.

Le temps ne me permet pas, Messieurs, de poursuivre davantage cette esquisse, ni de vous parler, autrement qu'en vous le signalant, de l'âge chrétien proprement dit, du Droit des Gens tel qu'il fut défini et sanctionné à cette époque dans les Canons Pontificaux, alors en honneur, et inséré dans des centaines, des milliers peut-être de Chartes, pendant le règne de cet admirable régime municipal, qui caractérisa aussi l'âge chrétien d'après l'Encyclique *Immortale Dei*. Ce n'est pas non plus le moment de rappeler les jugements et les sentences des Souverains Pontifes pour apaiser et terminer les litiges internationaux. J'ai ébauché récemment ailleurs une partie de ce travail (1). Du reste, cette époque est assez connue. Les bègues et les louches de ce temps-ci, sur qui les mots ont tout empire, à défaut de fortes conceptions et de la vue claire des choses, l'appellent *théocratie*, et croient avoir tout dit. Laissez-moi seulement, pour finir cet exposé à grands traits, vous retracer les lignes du testament de saint Louis, qui ont trait au Droit des Gens en matière de guerre :

« Mon fils..., que l'on voie en vous une droiture et une « équité à toute épreuve. Donnez à votre Conseil toute liberté « de parler contre vos intérêts, quand il s'agira de faire jus- « tice. Restituez ce qui ne vous appartient pas ou ce que vos « prédécesseurs pourraient avoir usurpé ; il y va de votre « conscience et du repos de leurs âmes. Evitez tant que vous « pourrez de faire la guerre. Ne vous y décidez jamais sans « une cause juste et nécessaire, examinée mûrement par le « Conseil. Avant de vous y engager, tentez toutes les voies « de la douceur. Que si c'est pour vous une nécessité de la

(1) Voir la *Revue*, livraison de février 1887.

« faire, faites en sorte qu'une infinité de pauvres innocents « ne pâtissent point pour le coupable. Assiégez les places « de celui qui vous refuse justice, mais épargnez ses sujets « tant que vous pourrez. » — C'est le résumé des saints Canons qui ne sont eux-mêmes que l'expression du Droit naturel et de la charité évangélique.

Il y a pourtant un sous-entendu dans le testament de saint Louis. Il n'y est pas fait mention expresse de la nécessité de la déclaration en forme du cas de guerre. Il ne pouvait pas venir à la pensée de saint Louis de la mentionner. Même pendant les guerres dites privées, ces formes, aujourd'hui inconnues, étaient observées.

Comparons une dernière fois ces maximes et ces pratiques avec celles du XVIIIe siècle, et mettons-les en contraste avec un dernier trait de Frédéric II.

« Trouver des raisons, c'est l'affaire des subalternes. Hâtez-vous d'écrire votre grimoire, dit-il à un de ses ministres. Les troupes sont prêtes, les ordres sont donnés. Je n'ai pas le temps de vous attendre (1). »

Nous avons maintenant ce qu'il nous faut pour nous rendre compte de la Révolution de 89 dans ses rapports avec le Droit des Gens.

## II

### LA RÉVOLUTION ET LE DROIT DES GENS

La situation décrite plus haut était connue ; et les peuples savaient comment on disposait de leur sang en le répandant, et de leurs consciences en leur faisant répandre le sang d'autrui sans juste cause et sans nécessité.

Membre de cette société divine qui fait profession de ne pas juger les sentiments intimes, lesquels échappent au regard humain, je me garderai de méconnaitre ce qu'il y

(1) M. Albert Sorel, op. cit. — C'est le sens très exact du texte, que nous n'avons pas en ce moment sous les yeux.

eut visiblement de bon et généreux dans le sentiment qui dicta les premières déclarations et mesures des hommes de 89 sur le Droit des Gens et la guerre. Quiconque aurait, à cette époque, cherché la réforme sociale et politique, comme font aujourd'hui tous les hommes d'intelligence et de cœur, aurait naturellement porté son attention sur le Droit de guerre. Les hommes de 89 n'y ont pas manqué, et je n'hésite pas à reconnaître qu'ils nous ont laissé en cela un exemple à suivre, et que nous devons les imiter, puisque notre condition sous ce rapport ne vaut pas mieux que la leur, et se trouve même empirée.

Le titre VI de la première Constitution porte :

La nation française renonce à entreprendre aucune guerre dans la vue de faire des conquêtes, et n'emploiera jamais ses forces contre la liberté d'aucun peuple.

Nous pouvons supposer que « liberté d'un peuple » équivaut à « indépendance d'une nation, » et cette disposition ainsi entendue est parfaite. La nation française n'aura jamais en vue, si elle est forcée d'entreprendre une guerre, de rapporter une nation de son sol, et dans aucun cas, elle ne fera la guerre à aucune autre nation pour la priver de son indépendance, autant vaut dire de son existence, puisqu'une nation n'existe, comme telle, que par son indépendence vis-à-vis des autres nations, tout comme une famille n'existe que par son indépendance vis-à-vis des autres familles. Encore une fois cette disposition est non seulement irréprochable, mais tout à fait conforme au droit des Gens, qui repose sur les préceptes du Décalogue : *Tu ne voleras pas, tu ne convoiteras pas ce qui appartient à autrui.*

Toutefois nous verrons bientôt qu'il y a une équivoque en germe dans la rédaction du titre VI ; elle naîtra naturellement du mot « liberté, » lui-même le moins défini et le plus équivoque du monde.

Cette semence malheureuse se trouve déjà dans la Déclaration des Droits, où on lit, article 12 : « *La garantie des Droits de l'homme et du citoyen* exige une force publique. » On pourrait trouver là que les nations qui ne jouissent pas des Droits de l'homme et du citoyen déclarés en France n'ont pas une vraie et légitime force publique, ni même une vraie existence. Mais lors du vote de la Constitution comme de la Déclaration, tout fait supposer que l'on n'y pensait pas, et que l'on était de bonne foi.

Le fait est que les hommes de 89 sont des enfants, quoi qu'en dise la chanson modulée par mon compatriote Méhul. A cause des grands bruits qu'ils firent et des grandes guerres de cette époque, notre imagination nous porte à leur prêter une taille extraordinaire, et à leurs élucubrations des dimensions gigantesques. Il faut en revenir : les hommes de 89 étaient des enfants. La chanson dit : *Les esclaves sont des enfants*. Les hommes de 89 furent esclaves, esclaves de leur imagination, de leur ignorance, de leurs préjugés, et, bientôt conséquence nécessaire, de leurs passions, surtout de la peur, qui les rendit féroces. Personne mieux qu'eux ne fait voir l'insuffisance de la raison humaine, et la supériorité de la doctrine de la foi, telle que l'admettaient et la pratiquaient, par exemple, un saint Louis et ses contemporains.

J'ai dit que ceux qui ont voté cet article 6 de la constitution de la Constituante étaient de bonne foi, et qu'ils étaient des enfants, je le prouve.

Il ne suffisait pas de déclarer que l'on ne ferait plus de guerres de conquêtes et qu'on n'attaquera jamais l'indépendance d'aucun peuple. Il fallait un organe et même une organisation pour appliquer ces bonnes résolutions à la pratique des choses. Qui donc en France aura l'examen des causes de guerre, des griefs vis-à-vis des autres nations ? Il semble que c'était facile à trouver, et que des enfants un peu intelligents l'eussent trouvé. En effet, on vient de voter la séparation des pouvoirs, exécutif, législatif et judiciaire ; on a même déclaré dans les Droits qu' « une société, dans laquelle la séparation des pouvoirs n'est pas déterminée, n'a pas de constitution. » Il était donc bien simple de confier l'examen des causes et des griefs de guerre au pouvoir judiciaire à qui il appartient, cela va de soi. S'ils n'avaient pas été si ignorants, eux qui prônaient tant la République romaine, ils auraient su qu'à Rome il en était ainsi, et qu'il y avait un pouvoir, une magistrature judiciaire, le Collège ou Tribunal fécial, pour examiner et décider les justes causes de guerre. Mais non, ils n'y songent pas. Et nous allons voir que ceux qui sont si fiers de se donner une constitution, vont se condamner à être une société qui n'en a pas, d'après leur propre Déclaration des Droits.

La question de la guerre étant donc posée à la Constituante, un long débat s'élève. Pétion, ce grand enfant, s'écrie : « Il faut déclarer que la France renonce à toutes conquêtes, à tous projets ambitieux, qu'elle regarde ses limites comme posées par les destinées éternelles ! » Le thème des orateurs est celui-ci, que Barnave développe avec une chaleur qui entraîne un instant toute l'Assemblée : La nation ne voudra que des guerres nationales, elles seront nécessairement défensives, et par conséquent toujours justes. Un autre s'écrie : Que toutes les nations soient libres comme nous, et il n'y aura plus de guerre (1) ! L'Assemblée le croit et se grise de cette phrase. Les harangues tournent en dithyrambes, la délibération s'égare dans l'enthousiasme : c'est comme une nouvelle nuit du 4 août. L'Assemblée repousse le principe de la conquête et en répudie à tout jamais la pensée. Il n'y aura plus que des « pactes nationaux, » avec des « peuples justes (2). » Quant à l'organisation elle-même, elle a le même caractère de naïveté ignorante. Mais, Messieurs, comme cette naïveté dure encore, qu'elle est une des plus pernicieuses conséquences de 89, et comme le point culminant de cette étude, j'appelle sur elle votre attention de jurisconsultes. La garantie de ces belles maximes, l'Assemblée ne la trouvera qu'en elle-même ; c'est elle qui conduira les négociations, qui déclarera la guerre, qui fera la paix ; elle ne veut que le bien, elle ne s'inspire que de la justice, elle sera toujours dans le droit (3).

Avais-je raison de dire que ces hommes furent des enfants ? Mirabeau était de cet avis. Il se lève et dissipe ces illusions enfantines. Il montre les nations et les assemblées

(1) Rollet. Discours du 16 mai.
(2) Dupont de Nemours. Discours du 19 mai.
(3) Barnave, discours du 21 mai.

démocratiques plus acharnées à la guerre et plus esclaves de leurs passions que les plus absolus despotes. « Voyez les peuples libres ! c'est par des guerres plus ambitieuses, plus barbares qu'ils se sont toujours distingués. Voyez les assemblées politiques, c'est toujours sous le charme de la passion qu'elles ont déclaré la guerre. Croyez-vous, si jamais vous délibérez ici de la guerre, que des mouvements passionnés ne vous porteront pas à des guerres désastreuses ? Pendant que vous délibèrerez, on demandera la guerre à grands cris ; vous verrez autour de vous des armées de citoyens. Vous ne serez pas trompés par des ministres, ne serez-vous pas trompés par vous-mêmes ? On objecte l'opinion publique. Qui la gouverne ? Qui la modère ? Attend-on qu'elle se refrène elle-même (1) ? »

Finalement, la Constituante laissa au roi les négociations et la conclusion ; elle se réserva de discuter la guerre et de contrôler les négociations. Tels sont les articles constitutionnels qui furent votés par elle le 22 mai 1790. — Ainsi, avant d'avoir achevé la Constitution, la Constituante avait réduit la France à une société qui n'a pas de constitution, en confondant les pouvoirs, et en attribuant la fonction judiciaire la plus grave dans une nation, celle de l'examen et du jugement des cas de guerre, au législatif et à l'exécutif. Le plus grand malheur, je l'ai dit, c'est que toutes les nations de l'Europe en sont là aujourd'hui. En Angleterre même, le Conseil privé, autrefois vrai Tribunal responsable, ne fonctionne plus pour les cas de guerre. Ministres nominalement c'est-à-dire nullement responsables, et Chambres, moins encore s'il est possible, voilà l'organisation européenne, sauf en Russie et en Prusse, où c'est l'Exécutif seul, non moins irresponsable. Vous connaissez les résultats.

Cependant la prédiction de Mirabeau va commencer de s'accomplir. La Convention recule une première fois devant l'usurpation d'Avignon et du comtat Venaissin, demandée à l'origine par 1400 habitants (2) sur 78 mille ; et la tribune

(1) Même discussion.
(2) Discours de Menou, qui ne fut pas alors contredit sur ce point.

retentit quelque temps de l'invocation du titre VI de la Constitution, et du refrain : la nation repousse toute idée de conquête! Mais cela dura peu. Au bout de quelques mois, les limites de la France, « posées par les destinées éternelles, » étendirent leurs bras pour saisir le bien d'autrui, et englobèrent Avignon et le Comtat.

Bientôt survint la rupture avec l'Autriche, et l'équivoque du mot « liberté, » inséré au titre VI va s'accentuer, puis disparaître pour faire place à une signification toute contraire à la première. Le 20 avril 1792, la guerre à l'Autriche est décidée au milieu des transports d'enthousiasme des députés « et des tribunes. » Dans le décret rédigé par le Comité diplomatique de l'Assemblée, on lit encore : « L'Assemblée nationale déclare que la Nation française, fidèle aux principes consacrés par la Constitution, de n'entreprendre aucune guerre dans la vue de faire des conquêtes et de n'employer jamais ses forces contre la liberté d'aucun peuple, ne prend les armes que pour la défense de sa liberté et de son indépendance. » Mais la fin même du décret reproduit l'équivoque de la Déclaration des Droits : « La Nation française déclare que la guerre qu'elle entreprend n'est point une guerre de nation à nation (??) » Du reste, Merlin de Thionville était allé plus loin au moment de la clôture de la discussion, dit M. Albert Sorel, en exposant les choses à sa façon, « par une de ces paroles formidables qui dépassent le débat qui les inspire, et dégagent tout d'un coup la pensée qui germe confusément dans le trouble des esprits. « Ce que je voulais dire, avait crié Merlin, c'est qu'il faut déclarer la guerre aux rois, et la paix aux nations (1). »

Six mois après, tous les voiles sont déchirés, et la Constitution aussi, et le Droit des Gens plus assassiné qu'il ne le fut sous l'ancien régime, même au XVIIIe siècle, excepté dans le même temps en Pologne par Catherine de Russie, dont la Convention semble s'inspirer. Catherine appelait alors les Polonais à s'entredéchirer eux-mêmes pour les manger plus facilement. Le 19 novembre, sur la proposition de Lépaux, « la Convention déclare, au nom de la

(1) Séance du 20 avril.

nation française, qu'elle accordera fraternité et secours à tous les peuples qui voudront recouvrer leur liberté, et charge le pouvoir exécutif de donner aux généraux les ordres nécessaires pour porter secours à ces peuples et défendre les citoyens qui auraient été vexés ou qui pourraient l'être pour la cause de la liberté (1). » Sur la proposition de Sergent, « la Convention décide que cette déclaration sera traduite et imprimée dans toutes les langues. » Je transcris cette pièce d'un rare et précieux *Recueil* publié tout au commencement de ce siècle. L'auteur, partisan de la Révolution, après l'avoir insérée, ajoute en note les réflexions suivantes :

« Ce trop fameux décret, qui a rempli les quatre parties « du monde de sang et de carnage, n'a jamais été rapporté « d'une manière explicite ni directe. »

Un mois après, le 15 décembre, la Convention se fait juge de tous les peuples et de tous les gouvernements, et dispose d'eux partout où elle le peut. — Sur la proposition de Cambon, le décret suivant est rendu :

« La Convention nationale, après avoir entendu les rapports de ses Comités des finances, de la guerre et diplomatique, *fidèle au principe de la Souveraineté des peuples, qui ne lui permet pas de reconnaître aucune institution qui y porte atteinte*, et voulant fixer les règles à suivre par les généraux de la République dans les pays où ils portent les armes, décrètent ce qui suit :

Art. I. — Dans les pays qui sont ou qui seront occupés par les armées de la République française, les généraux proclameront sur le champ, au nom de la Nation française, l'abolition des impôts ou contributions existant... Ils déclareront aux peuples qu'ils leur apportent paix, secours, fraternité et égalité.

Art. II. — Ils proclameront la souveraineté du peuple et

(1) Recueil des traités de Paix, d'alliance et d'amitié conclus entre la République française et les diverses puissances de l'Europe depuis 1792 jusqu'à la paix générale, avec plusieurs autres pièces qui pourront servir d'éclaircissement au moderne Droit des gens, reconnu en Europe. 4 t. in-12. T. III, p. 105-106. A Hambourg, chez Frédéric Perthes. A Paris, chez Treuttel et Würtz. 1803.

la suppression de toutes les sociétés existantes, ils convoqueront de suite le peuple en assemblées primaires ou communales pour créer ou organiser une organisation provisoire.

VI. — Dès que l'administration provisoire sera nommée, la Convention nationale nommera des commissaires pour aller fraterniser avec elle.

VII. — (Réquisition d'habillements, de chaussures, de subsistances, d'argent, au profit de la République et de ses troupes) (1).

C'en est fait. Les enfants de 89 ont disparu, pour faire place aux fanatiques qui lancent, avec le fouet de la conscription, la pauvre « jument sauvage, » la pauvre « cavale indomptable et rebelle » à travers l'Europe, pour y planter par le fer et par le feu, la religion des Droits de l'homme avec le régime de la Convention. Les décrets sont appliqués, et les républiques pullulent autour de la Républqiue française, sous sa tutelle et son autorité. Ce n'est pas encore assez. Il faut les conquêtes, les conquêtes toutes crues, que l'on appelle hypocritement des *réunions*, et qui sont les annexions de ce temps-là. Dans son rapport sur la réunion de la Savoie, surnommée alors la République des Allobroges, Grégoire débute ainsi : « L'esprit humain a franchi depuis trois ans un intervalle immense (2). — C'est une phrase, et le fait est que la Convention, au mépris de de tant d'anathèmes fulminés contre l'esprit de conquête, anéantit l'indépendance du peuple des Allobroges et détruit leur république; en bon français, elle prend la Savoie, qui du reste est censée se donner, par amour pour le régime de Robespierre.

Mais il est un autre Rapport, du 14 Février 1793, sur la réunion de Monaco, Schauenbourg, Créange, Puttlange et quelques autres petites communes « circonvoisines à la République française. » Celui-ci est de Carnot, et doit particulièrement atttirer toute notre attention, parce qu'il nous

(1) *Recueil*, etc., *ibid.* pp. suiv.

(2) *Ibid.*

montre le mieux ce que les hommes de 93 ont fait du Droit des Gens, en théorie comme en pratique.

Il ne pose plus en principe comme Vergennes, comme Louis XVIII, comme le droit naturel, comme le Décalogue, que l'utilité est inséparable de la justice, c'est-à-dire qu'elle ne doit jamais l'emporter sur elle, que la justice est l'utilité de tous, et l'unique base du Droit des Gens. Il en introduit une seconde en concurrence et en conflit avec la première.

« Dans toutes les matières politiques, dit Carnot, deux points sont à considérer : l'intérêt et la justice. Ils composent tout le Droit des Gens. »

Puis il émet une proposition étrange, louche, dans laquelle il prend visiblement le mot « droit » dans deux sens différents, dans son sens propre au commencement, dans le sens d'intérêt à la fin.

« La loi naturelle veut qu'on respecte les *droits* d'autrui... tant qu'on ne compromet pas les *siens* propres. »

Arrivé là, il étale sa doctrine en axiômes :

« Je puis donc conclure ce qui vient d'être dit par ces deux maximes générales qui établissent clairement en politique la différence du juste et de l'injuste : 1). Toute mesure polititique est légitime dès qu'elle est commandée par le salut de l'Etat. 2). Tout acte qui blesse les intérêts d'autrui sans une nécessité indispensable pour soi-même est injuste. »

Vous voyez la conclusion de ces prémisses : La réunion par suite de conquête, de la principauté de Monaco, de Schauenbourg et de son bailliage près Landau, de Créange, de Puttlange et autres petits villages du Nassau, est une mesure légitime parce qu'elle est commandée par le salut de l'Etat, et cet acte n'est pas injuste, parce qu'il est d'une nécessité indispensable.

Carnot a sans doute senti que cette conclusion était un peu forte. Aussi il ne l'énonce pas tout de suite, il a d'autres arguments. Mais avant de les produire, il tient à épuiser la question de principe, et se pose lui-même hardiment cette objection :

« Mais qui jugera de ces grands intérêts, qui empêchera

que sous le prétexte banal du salut du peuple, vous ne violiez, sans nécessité, tous les droits individuels des nations étrangères ? » Et il répond : « Autant vaudrait vous demander : qui est-ce qui vous rend juges du danger que vous courez ?... Le droit de juger du péril où l'on se trouve et de s'en sauver *aux dépens de qui il appartient*, est né avec chacun de nous, c'est la loi de la nature. Or, de ce qu'on ne pourra trouver un juge impartial pour appliquer la loi de la nature, s'en suivra-t-il que la loi du *salus populi* doive être effacée du code de l'humanité ? »

Après cette argumentation, il renforce sa thèse d'une théorie non moins intéressante pour nous :

« Les limites anciennes et naturelles de la France sont le Rhin, les Alpes et les Pyrénées. Les parties qui en ont été démembrées ne l'ont été que par usurpation. » Monaco, Menton, Roquebrune, nous rapprochent du pied des Alpes (1), Schauembourg et les autres, du Rhin. *Ergo* ! Le dernier argument de Carnot est le refrain obligé : C'est la raison diplomatique, si connue depuis, des *aspirations nationales*. Il paraît que ces peuples chez qui nos généraux avaient proclamé les Droits de l'homme, y compris la flétrissure de l'esprit de conquête, et supprimé tout le reste, demandaient eux-mêmes la réunion, à l'abri de nos baïonnettes, et ambitionnaient le bonheur de vivre sous le régime de 93. — C'est en effet le 17 février 1793 que la Convention approuva le rapport de son Comité diplomatique ayant pour organe Carnot, et prononça la réunion.

Tout cela vous semble pitoyable, et vous vous étonnez peut-être de me voir m'y arrêter. Je l'ai fait pour montrer comment les hommes de la Révolution ont fini par émettre publiquement, adopté et appliqué les maximes les plus opposées au Droit des Gens, et sont allés plus loin que ceux de l'ancien Régime corrompu, en y apportant un sang-froid de sophiste et un cynisme doublé d'hypocrisie que n'ont

(1) « Considérée même sous le point de vue de la défense générale, ce pays n'est point absolument nul ; il recule nos limites. » — Cette pièce est intitulée : Extrait du Rapport fait dans la séance du 14 février (1793) au soir par Carnot sur la réunion du pays de Monaco, etc. *Recueil*, id., p. 457 et suiv.

pas dépassé la grande Catherine ni le grand Frédéric eux-mêmes.

Il est un point capital du Droit des Gens chrétien au sujet duquel nous n'avons pas encore constaté les théories ni les agissements des hommes de la Révolution. C'est celui qui défend de verser le sang hors le cas d'une absolue nécessité, c'est-à-dire hors le cas où, la cause étant juste, il est en même temps impossible de s'entendre avec l'adversaire, et de garder la paix ou de la refaire avec lui. C'est ce principe que saint Louis formule dans son testament, en ces termes, *nisi... tantum ex necessaria causa*.

Le *Recueil* diplomatique dont j'ai parlé plus haut contient deux pièces fort curieuses sur la *réunion* de la Belgique et du pays de Liège au territoire de la République. Nous y trouverons ce que nous cherchons, en même temps que nous y verrons ce qu'il faut penser des *aspirations nationales*, de l'empressement des pays conquis à recevoir la Religion des droits de l'homme et du citoyen de France, et à ambitionner l'honneur et l'avantage de vivre sous le régimee de 93.

Lorsque Merlin de Douai eut lu son *Rapport* sur cette réunion, en séance, le 1er octobre de cette année 1793, deux orateurs entr'autres prirent la parole. Je vais donner leurs discours *in-extenso*, parce qu'ils font vraiment revivre devant nous les hommes de cette époque, et leurs agissements en matière de Droit des Gens et de guerre.

### *Discours d'Armand.*

*Armand.* — La réunion de la Belgique est impolitique et désavantageuse à la France... Il n'existe entre ces peuples et nous aucune conformité de mœurs et de religion. Liège nous a précédés en révolution. Mais qu'avons-nous fait pour lui faire aimer la nôtre ?... Rappellerai-je la conduite des Belges après la trahison de Dumouriez, nos malades jetés par les fenêtres ou massacrés, votre arrière-garde poursuivie et battue par le même peuple que l'on nous représente comme voulant se réunir à nous ? On parle des décrets de réunion prononcés par vous (antérieurement) ? Mais à quelle époque l'ont-ils été ? Alors qu'une odieuse tyrannie pesait sur vos têtes, alors qu'un orateur maniaque disait à cette tribune que la Convention était le centre d'insurrection de toute l'Europe. On parle du vœu des Belges. Mais les délibérations faites au milieu des armes, sont-elles des délibérations? De quel droit après les avoir vaincus, les priveriez-vous encore de leurs préjugés, de leurs richesses, de leur culte, de leur forme de gouvernement? — *Vous voulez leur donner la liberté;* mais est-on libre lorsqu'on est forcé de faire ce qu'on ne veut pas? — *C'est le vœu de tous ces peuples.* C'était donc le vœu du peuple qu'on apportait à votre barre lorsqu'une vingtaine d'hommes par sections, venaient, sous Robespierre, vous féliciter sur la journée du 31 mai, sur l'assassinat des 22? *On parle de l'amélioration de nos finances.* Mais elle dépend de la confiance nationale, de la sagesse et de la moralité du gouvernement. Mais vous avez donc oublié que ce n'est ni aux Belges, ni aux Liègeois que vous avez fait la guerre, mais à leur gouvernement? Sans doute il est de votre intérêt d'humilier la maison d'Autriche... Sans doute, l'Autriche doit une indemnité à l'Europe entière, qu'elle a troublée par ses intrigues et par le traité de Pilnitz. Vous atteindrez ce but en assurant à la Belgique son indépendance. Qu'il soit libre aux Belges et aux Liégeois de se former un gouvernement cimenté sur leurs mœurs et sur leur religion.

Quoi! c'est à l'époque où l'on traite de la paix que vous indisposez les puissances par des vues ambitieuses? N'est-ce pas le moyen de rompre toutes négociations, ou de ne faire qu'une paix plâtrée? Ah! si l'on savait que dans les forêts d'Argonnes la Prusse et l'Autriche vous demandaient la paix!

*L'orateur est interrompu par des murmures.* Merlin (de Douai) s'écrie : *Cela est faux.* Le tumulte se prolonge.

*Armand*, reprenant. — J'assure que le fait est vrai, et je vais le prouver. Après la prise de Longwi, le général prussien proposa une eutrevue à Kellermann. Celui-ci l'accepte. — Je vous ai fait appeler, dit-il, pour vous proposer les bases de la paix : les préliminaires seront que les puissances reconnaîtront la République, et qu'elles abandonneront la cause de Louis. — Accordé. — On indique la ville de...

pour les Conférences. Kellermann a rendu compte de ces propositions aux ministres et aux représentants qui étaient dans son armée. Mais la Convention n'en a jamais été instruite. Pache était alors ministre de la guerre, et c'est avec lui que Kellermann a correspondu. Ces faits sont certifiés par ce général. J'en ai parlé moi-même à Prieur (de la Marne), l'un des commissaires ; les deux autres étaient Sillery et Carra. Prieur est convenu des faits ; mais il m'a assuré que *la politique s'opposait à ce que l'on accueillît ces propositions.* »

Tel est le discours d'Armand. Ceux qui lui répondirent ne lui opposèrent que des banalités, sauf Tallien qui contesta l'exactitude des préliminaires proposés. Armand reprit encore une fois : « Le fait que j'ai cité est vrai, ou Kellermann est un imposteur. Il a dit formellement que les généraux prussiens proposaient de reconnaître la République. » — On se souvient que là était le seul litige, l'unique cause de la guerre.

Je donne aussi une partie du discours de Lesage (d'Eure-et-Loir), bien qu'il répète Armand, mais il contient de nouveaux détails et répond indirectement à Carnot sur les soi-disant frontières naturelles.

*Lesage* (d'Eure-et-Loir)... « J'aborde le fonds de la question. Les dangers de la réunion augmentent lorsque la masse des citoyens la repoussent. On dit que ceux de la Belgique ont voté la réunion. On le dit, je le crois. Mais à quelle époque? C'est lorsque les proconsuls étaient au milieu des Belges leurs moyens de terreur (*sic.*).

On parle des décrets que vous avez rendus. Mais qui ignore qu'alors un décret proposé ou appuyé par le côté droit était par là même repoussé par la montagne, qu'alors aucun décret n'était adopté que présenté par *Robespierre* ou *Marat*. On ose nous rappeler à ces jours d'horreur où l'affreuse montagne dominait avec empire, et écrasait tout sous le sceptre de son orgueil et de son despotisme. Lisez le mémoire d'un Belge réfugié, vous y verrez que la réunion a été votée à coups de sabre. Ces peuples ne voulaient ni de la France, ni de la maison d'Autriche. Vous avez donc oublié qu'à Bruxelles vos soldats étaient assassinés, vos représentants abhorrés, le régime français en horreur? Comment pouvez-vous vous aveugler sur des faits aussi notoires?... (*Violents murmures.*) On dit que c'est pour le bonheur des Belges qu'il faut les réunir à la France. Les Belges furent heureux sous leur ancienne constitution. Ils ne veulent pas de la vôtre. Les députés belges m'ont dit à moi : « Vous nous avez rendus tellement malheureux que nous aimerions mieux être à la France que de rester dans l'état où nous sommes. »

On allègue les intérêts de la République. Mais consultez les militaires, ils vous diront que le reculement de nos frontières, jusqu'à la Meuse et le Rhin, en étendant nos lignes de défense, diminue nos moyens de défense. Eh! que devient le système de nos places fortes? Où sont nos ressources pour en construire de nouvelles?

Sans doute les Belges sont laborieux. Mais faut-il pour cela les priver de la liberté (*Violents murmures.*) et de la forme de gouvernement la plus conforme à leurs mœurs et à leurs préjugés (1)? »

La Convention prit la Belgique et le pays de Liège.

Le fait à remarquer ici est celui de Pache et des autres membres de l'Exécutif de 1792 qui, avec la complicité de trois membres du Législatif, délibérant en secret, refusent la paix à l'ennemi qui offre satisfaction, et ouvrent cette ère d'effusion du sang qui dura vingt-trois ans, pour des raisons *politiques* qu'ils cachent à la nation et à ses représentants.

C'est assez de documents; il serait inutile de prolonger la série des citations pour voir en action 89 et le Droit des Gens, les maximes, les idées et les pratiques des hommes de la Révolution. — Il est temps de les tirer au clair, et ce ne sera pas difficile.

Carnot est celui qui va plus au fond, embrasse davantage et parle plus hardiment. Voici les points qui ressortent, surtout de son rapport adopté par la Convention.

1. — La Justice n'est pas la seule base du Droit des Gens. L'intérêt en est une seconde qui, en cas de concurrence,

(1) *Recueil*, etc., *ibid.* ppr. 475-488 (pour les deux discours).

l'emporte sur la première. L'intérêt est la *suprema lex*, la loi suprême en matière de Droit des Gens. C'est ainsi que ces hommes interprètent la maxime romaine : *salus populi suprema lex esto*, à laquelle les Romains, la nation du Droit fécial, n'attachait nullement une pareille signification.

2. — En conséquence, quand l'intérêt d'une nation le demande, elle peut en opprimer une autre, la dépouiller même de son existence nationale, et lui imposer son gouvernement, son régime, ses lois, ses magistrats et sa force armée. Et dans ces cas, le peuple oppresseur n'est point injuste, parce que son intérêt requiert cette oppression.

3. — Le peuple oppresseur est seul juge de ce qu'il a à faire dans ces circonstances, et de s'adjuger le territoire d'autrui, même des villages comme Créhange et Puttlange, en invoquant la maxime : *salus populi.*

4. — Certaines montagnes et certaines rivières sont, à ce titre de rivières et de montagnes, les limites du territoire d'une nation. Si d'autres nations sont en possession du sol en deçà de ces montagnes et de ces rivières, leur possession est par là même illégitime; c'est une « usurpation, » remontât-elle à plusieurs siècles et fût-elle fondée sur les traités.

5. — Conséquence : la foi des traités est abolie.

6. — Une nation est juge de ce qui convient à une autre, et lorsqu'elle a la force, elle peut abolir sa forme de gouvernement pour la remplacer par une autre de son choix, ou se la réunir, comme on disait alors, se l'annexer, comme on dit aujourd'hui, en se fondant sur des motifs tirés de l'utilité qui en résultera pour ce peuple étranger, et en en décidant.

7. — Une nation a le droit de faire la guerre à toutes les autres pour leur imposer certaines maximes et déclarations de droits, et les contraindre à de nouvelles formes de gouvernement qu'elle juge conformes à ces maximes et à ces déclarations.

8. — Il est permis de refuser la paix à un ennemi qui la propose en accordant satisfaction.

9. — Il est permis aux gouvernants de faire la guerre pour des raisons politiques occultes, et que l'on ne déclare

ni à la nation, ni à ses représentants, ni aux troupes que l'on envoie tuer, piller et brûler, ni à celui qu'on attaque.

Tout cela est monstrueux autant qu'infirme, et c'est la subversion totale du Droit des Gens. J'avais réfuté ces maximes en préparant ce travail; mais j'ai réfléchi que ce serait vous faire injure de vous présenter cette réfutation.

Tel fut donc le Droit des Gens, ou plutôt la barbarie de la Révolution, après avoir débuté par les déclarations que vous avez entendues, et qui, émises de bonne foi, la contenaient néanmoins en germe.

## III.

### CONSÉQUENCES.

Je suis arrivé à la partie la plus pénible de ma tâche. Il me reste à vous signaler les conséquences actuelles, contemporaines, — des maximes et des idées de la Révolution; — et il me faut vous montrer que nous sommes, en matière de Droit de guerre, les fils de 89 et de 93, comme de l'ancien régime qui avait succédé à l'âge chrétien.

Quelque temps après la guerre de 1870, je me trouvais avec un ami, chez un des nombreux proches parents de Napoléon III, que, naturellement je n'ai pas à nommer. La conversation tomba sur la guerre récente. A un moment donné, je lui posai cette question : « Puisque l'empereur avait lu le travail de Stoffel et qu'il savait ainsi que l'on n'était pas prêt, pourquoi donc s'est-il décidé à entreprendre cette guerre? — Il répondit : « La détermination de l'empereur s'explique. Il paraît certain que le parti hostile à l'intérieur préparait une révolution. C'est pour l'empêcher d'éclater que l'empereur a fait cette guerre, du reste populaire; il n'y avait pas d'autre moyen d'échapper. » — Cela fut dit avec tristesse, mais avec calme, et comme si cette réponse était faite pour justifier Napoléon III!

Ainsi, vous avez peur d'avoir du bruit dans votre maison,

et vous conduisez, pour vous tirer d'embarras, vos fils turbulents saccager et incendier la maison du voisin! Voilà le Droit des Gens d'à présent!

En sortant de l'entretien, mon ami me dit : On ne voit guère de remède. Vous venez d'entendre un homme loyal, éclairé ; et il est tellement étranger au Droit des Gens qu'il présente comme une justification l'acte le plus immoral.

Lorsque périt dans la terre des Zoulous le prince impérial, des journaux publièrent à cette occasion ce qu'on pourrait appeler les *livres de raison* d'un jeune homme bien élevé. C'étaient les cahiers contenant les pensées intimes, les résolutions du jeune prince. Ils y joignirent ceux du duc de Reichstadt. Personne n'a contesté l'authenticité de ces documents d'un nouveau genre, et d'une valeur particulière en ce qu'ils révélaient l'éducation reçue. Qu'il est triste de trouver, au milieu de l'expression des sentiments les plus nobles d'honneur, de religion, de piété, des projets vertueux, qu'il est triste de trouver des idées comme celles-ci, du duc de Reichstadt: Pour soutenir l'honneur de mon nom et mériter l'estime du peuple français, je devrai aller à la guerre, et je suis résolu à saisir la première occasion de prendre du service. Mais dans l'état présent de l'Europe, et dans ma situation, il ne me sera sans doute possible de me battre que dans une armée qui ferait la guerre à la France. Que j'en souffrirais, et combien je serais heureux de combattre pour la France! Cependant, en réfléchissant bien, j'incline à penser que les Français aimeraient mieux me voir soldat parmi leurs ennemis, puisque je ne pourrai pas faire la guerre pour eux.

Ce sont des idées analogues qui dirigèrent le jeune fils de Napoléon III, lorsqu'il prit du service dans l'armée anglaise, uniquement pour s'exercer aux batailles et acquérir du renom, sans même se demander, bien loin de s'en assurer, comme il y était tenu en sa qualité d'étranger, si l'expédition anglaise contre le Zoulouland était juste.

Le soupçon qu'une guerre doit être juste, sous peine de n'être qu'une collection de crimes, d'homicides, ces pauvres jeunes princes ne l'ont jamais eu! On peut dire que le prince impérial est mort prématurément, victime de l'ignorance du

Droit des Gens et d'une éducation tout à fait faussée, pour un prince surtout. Quelle responsabilité pour ses éducateurs? dirons-nous. Oui; mais qui est élevé autrement de nos jours! A qui apprend-on qu'une guerre injuste est un crime, qui à distinguer une guerre juste d'une guerre criminelle? De nos catéchismes mêmes a disparu cet enseignement du catéchisme romain, type universel : « Il n'y a, avec la nécessité de la légitime défense personnelle, que deux exceptions au V$^{e}$ précepte du Décalogue qui défend de tuer les hommes, — deux exceptions faites encore pour protéger la vie humaine : savoir, l'exécution de criminels condamnés par juste sentence des magistrats, et l'exécution des ennemis dans une juste guerre. Encore faut-il que les soldats dans une juste guerre, procèdent en outre avec une intention droite, sans acte ni sentiment de cruauté ou de vengeance, ni de cupidité, mais avec la seule volonté de défendre la patrie. »

Tels sont les résultats de la déviation ou plutôt de la perversion des principes et des règles du Droit des Gens, commencée sous l'ancien régime, qui avait succédé à l'âge chrétien, consommée par les erreurs et les pratiques de la Révolution française. Et tout ce que les hommes de ce temps ont vu, en fait de guerres ou plutôt de massacres, les a confirmés dans ces erreurs et dans l'ignorance du crime de ces pratiques. Catherine d'Anhalt, vivante dans ses successenrs, n'a plus besoin de se casser la tête pour décider les nations européennes à se mêler des affaires les unes des autres, afin de poursuivre la seconde de ses entreprises. Non, cette besogne lui est devenue facile. Les idées de la Révolution ont prévalu partout. Aspirations nationales, frontières naturelles, frontières scientifiques, nationalités, intervention, évolution historique, toutes ces noires formules au nom desquelles on nous a fait dépenser des centaines de mille vies, des vingtaines de milliards dont la dette nous a ruinés, nous ruine et nous ruinera, toutes ces noires formules ne sont que les équivalents de celles qui ont passé tout à l'heure sous nos yeux. Pour couronnement, on a adopté un usage qui imprime à ce siècle, malgré son vernis de civilisation, le stigmate honteux de la barbarie : on ne déclare plus la guerre ! On ne le pourrait plus, De même qu'on a perdu la notion de l'unique base du Droit des Gens, la justice, perdu la notion des justes causes de guerre, on a perdu celle de la Déclaration de guerre. C'était inévitable. La déclaration de guerre n'étant que la notification d'un jugement motivé sur les justes causes de guerre, il était devenu impossible de porter ce jugement, et par conséquent de déclarer le cas de guerre. Ce qui en a retenu le nom n'est plus qu'un cri de violence donnant le signal du brigandage.

Maintenant, Messieurs, si cette étude était terminée, si la question posée dans votre programme était épuisée, il faudrait dire, et je serais le premier, qu'il était inutile de la traiter, et que je vous ai fait dépenser sans fruit votre temps, après avoir perdu le mien.

Heureusement, il y a d'autres conséquences de 89, relativement au Droit des Gens, et celles-là sont consolantes. Elles ne sortent pas de la Révolution ni de (l'Ancien Régime) comme des enfants du sein de leur mère. Non ; elle les a produites comme l'attaque produit la défense, comme le blasphémateur suscite l'apologiste, comme le brouillard appelle le soleil qui le dissipe. Permettez-moi de vous les exposer en peu de mots.

En présence d'une telle situation, des diplomates honnêtes et amis du bien public ont recherché les causes du mal et les remèdes. A la tête d'une élite de disciples courageux, tant des classes élevées d'Angleterre que des classes ouvrières, D. Urquhart s'est distingué par sa profonde connaissance des principes du Droit des Gens et des faits diplomatiques contemporains. Notre honorable Président, qui l'a connue, en rendrait témoignage. En 1869, Urquhart publiait son *Appel d'un Protestant au Pape*, pour le rétablissement du Droit public des Nations, du Droit des Gens. La même année se tenait le Concile arménien de Constantinople, qui traitait la question sous ses principales faces. Au Concile du Vatican, un premier Postulat de *Re militari et Bello* était présenté par le Patriarche Hassoun et ses dix suffragants, un second se revêtait des signatures des quarante principaux métropolitains du monde catholique. Un schema était distribué aux Pères du Concile par le cardinal Franchi, avec l'assentiment du glorieux Pie IX. La guerre de 1870, qui interrompit inopinément le Concile, vint retarder pour un temps la promulgation à nouveau des Principes et des Règles du Droit des Gens par l'Eglise catholique ou son Pontife suprême. Mais l'attention est provoquée, les esprits s'éveillent ; des recherches se font ; en Angleterre, en Italie, en France, où notre *Revue* de Grenoble est, comme toujours, au premier rang, de nombreux travaux se publient et traitent soit *ex professo*, soit incidemment cette grave affaire, que le baron d'Avril a nommé justement *la question du jour*. Des docteurs catholiques, théologiens, canonistes, à Rome, à Heidelberg, la traitent au point de vue contemporain ou la mentionnent dans leurs cours ou leurs savants livres. Les historiens du Concile, et en particulier l'historien officiel lui assigne une place importante dans sa belle et docte composition. En Angleterre, sir G. Crawshay et M. Collet continuent courageusement la Revue fondée par Urquhart. Robert Monteith mourant offre à Léon XIII son *Discours sur l'Effusion du sang des hommes et le Droit de guerre* que j'édite en France, et son fils reçoit une lettre touchante du cardinal secrétaire d'Etat, écrivant au nom de Sa Sainteté, où Monteith est loué — parole significative — « pour son amour de la justice. » Mais je ne puis tout énumérer.

Survient, il y a deux ans, l'arbitrage de Léon XIII qui donne une nouvelle impulsion aux intelligences. Il me suffira de vous citer ce qui s'est fait, à ma connaissance, depuis moins d'une année. A l'Assemblée générale des catholiques du Nord, M. le baron d'Avril prononça un discours acclamé avec enthousiasme par l'assistance et honoré du suffrage fortement motivé du Pontife président. L'assemblée entière émet le vœu du rétablissement du Droit des Gens et de l'arbitrage Pontifical au profit des nations. Des journaux catholiques, l'*Univers* et le *Monde*, traitent, pour la première fois, dans divers articles, le sujet *ex professo*. Un professeur de la Faculté de Douai, M. Horoy, — qui avait été précédé par un autre, M. Weiss, professeur agrégé à la Faculté de Dijon, auteur d'une remarquable étude sur le Droit Fécial, — choisit pour le sujet de son cours et publie la cause XXIIIe du décret de Gratien, la commente et démontre que les solutions de l'avenir sont là, dans les saints canons de l'Eglise. Il y a moins de deux mois, — c'est ici un fait dont je n'ai pas besoin de faire ressortir la haute portée, — le sujet est porté à la Chambre des Pairs d'Angleterre par le marquis de Bristol, accueilli gravement par les Lords et le premier ministre. Lord Stanley d'Alderley prononce un discours mémorable, dans lequel, après avoir rappelé « le rôle impartial » des Pontifes romains dans les temps passés comme Arbitres des nations chrétiennes, il exprime l'espoir de voir le gouvernement de la Reine, lors du premier conflit éventuel de l'Angleterre avec une autre puissance, imiter M. de Bismarck, et recourir à l'arbitrage de la Cour de Rome. Il y a quelques semaines, le Congrès catholique de Rodez agissaït comme celui de Lille l'an dernier.

Enfin, Messieurs, je n'hésite pas à donner comme une des conséquences par ricochet des idées perverses de la Révolution sur le Droit des Gens la présence au milieu de vous de celui qui porte en ce moment la parole. Il ne doit cet honneur qu'à l'importance de la grande cause au réveil de laquelle il lui a été donné de travailler, grâce à trois pures faveurs de la divine Providence : la découverte dans les archives de sa paroisse du chef-d'œuvre municipal de l'âge chrétien (1), la nécessité où il se trouva un jour d'étudier les saints canons, et la rencontre sur le chemin de sa vie d'hommes tels que Le Play, Urquhart et M. Lucien Brun. Vous supporterez donc que je mentionne comme fruits de cette année mes deux derniers écrits, non pour me citer moi-même, mais pour apporter à la cause le suffrage de de deux hommes dont la compétence et la science sont de premier ordre, deux docteurs *in utroque*, professeurs de Droit public et civil dans la première Université du monde, l'Apollinaire de Rome. L'un est Mgr de Cavagnis, l'autre Sa Grandeur Mgr Svampa, depuis quelques semaines évêque

(1) La *Loi de Beaumont.*

de Forli. Je leur ai soumis à Pâques la *Déclaration de guerre* et le *Résumé de la Doctrine pontificale sur le droit de guerre*, et ils y ont donné leur suffrage avec leur encouragement à l'entreprise du rétablissement laborieux du Droit des Gens en Europe. Il y a huit jours, Mgr Svampa, informé de cette partie de votre programme, m'écrivait de Marnagrane une lettre sur le même sujet, pour confirmer son suffrage et renouveler son vœu pour le bon succès de l'entreprise. En voici un extrait : « Ce qui m'a plu surtout dans vos écrits, c'est la solidité de la doctrine sur laquelle sont basées vos conclusions. » Or, Messieurs, cette doctrine n'est pas ma doctrine. Je n'ai cessé d'affirmer et de prouver que notre Mère la sainte Eglise a la doctrine pleine et entire sur le Droit des Gens dans ses canons sacrés. Et je puis me rassurer, je n'ai point été en cela téméraire ni exagéré. Le plus grand génie diplomatique de ce siècle, celui dont les écrits étaient désignés comme modèles par le cabinet russe aux jeunes diplomates de cette nation pour leur force d'observation et de discussion, David Urquhart protestant, a dit et écrit qu'il était à genoux devant la doctrine canonique de l'Eglise sur le Droit des Gens et de la guerre, lorsqu'il l'eut connue. Alors, Messieurs, qu'avons-nous à faire sinon d'enseigner, de propager, de vulgariser cette doctrine parmi nos contemporains, pour leur refaire le sens du juste en matière d'effusion du sang et de relations internationales ?

Ce n'est pas tout encore. Auprès des catholiques qui possèdent la doctrine pure, claire et complète, c'est par centaines que l'on compte les hommes droits et bien intentionnés, savants aussi, qui recherchent les moyens d'arracher les nations de l'Europe à la situation, inouie depuis le commencement du monde, dans laquelle elle gémit aujourd'hui, écrasée sous le poids des armements universels d'une part, horriblement perfectionnés de l'autre, pour la destruction et la mort, par le fait des progrès incessants qui se font non dans l'ordre spirituel et moral, mais dans les arts matériels et physiques. Ces hommes se groupent dans tous les pays, depuis surtout deux ou trois ans, en sociétés qui tendent à se relier entr'elles. Celle de Londres compte parmi ceux qui lui ont donné leurs noms, d'éminents catholiques tels que lord Ripon, et même le cardinal archevêque de Westminster, docteur Manning. Celle de Paris a deux réunions par mois. Toutes ces sociétés ont principalement en vue l'arbitrage international, qui est un objet plus palpable, et en apparence plus pratique. Toutes au fond travaillent au même but que nous, en même temps qu'elles nous font mieux sentir la nécessité et l'importance de nos efforts. Car, comme me l'écrivait récemment un docteur catholique, lorsque Dieu fit résonner par le moyen des anges le chant de paix sur la terre, il mit pour condition « la bonne volonté. » *Hominibus bonæ voluntatis.* Or, ajoute-t-il, la grande majorité des hommes d'Etat contemporains ne remplit pas cette condition. Ce ne sont donc pas eux de longtemps qui réaliseront le projet de Henri IV ou de Bernardin de Saint-Pierre.

Dans les relations internationales dont ils disposent à la faveur du secret diplomatique, ils ne recourront à l'arbitrage que pour des objets secondaires et quand il leur conviendra, et ces recours partiels et sans portée sérieuse auront encore pour effet d'endormir les peuples en les illusionnant par le vain espoir de la vraie solution, jusqu'à ce qu'ils se réveillent au bruit de dix mille canons. De plus, nous chrétiens nous le savons, le seul arbitrage répondant pratiquement aux grands besoins, c'est l'arbitrage du Pape ; du Pape, Vicaire de Jésus-Christ sur la terre, Père des peuples et des rois, leur Juge naturel, Messager divin de la paix, et qui a fait ses preuves en exerçant cette fonction dans le passé, comme le disait naguère sans contradiction, lord Stanley d'Alderley au sein du premier Sénat du monde. Aussi l'effort des catholiques est indispensable. Les hommes d'Etat qui disposent seuls du sort des nations à la faveur du secret diplomatique, ne changeront que sous l'impulsion du peuple chrétien. Et le peuple chrétien ne donnera pas cette impulsion, et ses gouvernants n'y cèderont pas, avant le jour où ce peuple ayant rappris le Droit des Gens chrétien, criera bien haut qu'il n'est pas permis de verser le sang sans cause juste et nécessaire, et sans jugement motivé et signifié dans les formes, avant le jour où il répètera à grands cris cet axiome, cette disposition pareille à cent, à mille autres de l'âge chrétien, et jurée par un seigneur et par les habitants d'un simple hameau de nos Ardennes :

« On ne va pas à la guerre, sinon sous la pression d'une cause juste et très manifestement reconnue pour telle ! »

*Ad guerram non ibunt nisi causa justa et manifestissima incumbente* (1).

(1) *Charte de Lametz*, éditée par M. E. Bonvalot, ancien conseiller de Cour à Colmar et à Dijon, dans son savant livre intitulé : *Le Tiers-Etat d'après la Charte de Beaumont en Argonne.*

GRENOBLE, IMPRIMERIE BARATIER ET DARDELET.

## DU MÊME AUTEUR :

**Précis de la Doctrine Pontificale sur le Droit des Gens en matière de guerre** (*épuisé*).

**La Déclaration de guerre.** — Grand in-8° de 42 pag. Prix : 1 fr.

**L'Armée de Mac-Mahon et la Bataille de Beaumont**. 2e édition (*un petit nombre d'exemplaires*). 2 fr.

**La Loy de Beaumont** (*épuisé*), etc., etc.

**L'Effusion du sang des hommes et le Droit de guerre,** par R. Monteith. Honoré d'nne lettre du Cardinal Secrétaire d'Etat, écrite au nom de S. S. — *Edité en français par M. Defourny* — 2 fr.

Paris, V. Palmé, libraire-éditeur, 76, rue des St-Pères.

www.ingramcontent.com/pod-product-compliance
Ingram Content Group UK Ltd.
Pitfield, Milton Keynes, MK11 3LW, UK
UKHW021119230726
13926UKWH00002B/563